Made in the USA
Middletown, DE
02 September 2023

37829431R00084